POMPE FUNEBRE,

CÉLÉBRÉE DANS LA R∴ L∴

DU POINT-PARFAIT.

Neque harum, quas colis, arborum
præter invisas cupressos
Ulla brevem dominum sequetur.
HORAT.

O∴ DE PARIS,
5802.

POMPE FUNEBRE,

CÉLÉBRÉE DANS LA R.·. L.·.

DU POINT-PARFAIT.

Neque harum, quas colis, arborum
præter invisas cupressos
Ulla brevem dominum sequetur.
HORAT.

O.·. DE PARIS,
5802.

discrétion ; les Trav.·. ont été ouverts, à l'O.·., par le T.·. V.·. F.·. *Fustier*, Vén.·., et à l'Occ.·. par les FF.·. *Guyot*, 2e.·. Surv.·., faisant les fonctions de premier, et *Naudin*, 1er.·. Exp.·., remplissant celles de 2e.·. Surv.·.

Les Ouvriers étaient à peine rangés sur leurs col.·. respectives, qu'on introduisit les députations de plusieurs Att.·. de Paris, et des Visiteurs étrangers, qui sollicitaient la faveur de partager les Trav.·.

SAVOIR;

La L.·. de l'Age d'or; député, le F.·. *David.*

L'Amitié ; député, le F.·. *de Corbinière.*

Le Centre des Amis ; dép.·. le F.·. *Dantan*, premier Interprête de la Légation Franç.·. à Constantinople.

La Trinité ; député, le F.·. *Franchy.*

La L.·. de l'Union ; député, le F.·. *Vamemoire.*

La Constance éprouvée ; député, le F.·. *Chereau*, Vén.·., premier Exp.·. de la ch.·. d'administration du G.·. O.·. de France.

La Réunion des Etrangers ; député, le F.·. *Feret.*

La Parfaite Intelligence ; député, le F.·. *Esprit*, Vén.·., Off.·. du G.·. O.·. de F.·.

La L.·. Saint-Paul-Saint-Eparche ; député ; le F.·. *Charier*, Off.·. du G.·. O.·. de F.·.

La L.·. Saint-Claude de la Paix sincère ; le F.·. *Pommier*, Vén.·.

Les Artistes-réunis ; député, le F.·. *d'Antoine*.

Les Amis de la Paix ; député, le F.·. *Savard*, Vén.·., Off.·. du G.·. O.·. de France.

Les Sincères-Amis ; député, le F.·. *Sambar*, Off.·. du G.·. O.·. de France.

L'Océan-Français ; député, le F.·. *Anjubault*.

La L.·. de l'Humanité ; député, le F.·. *Chayla*, Vén.·.

Les Elèves de la Nature ; député, le F.·. *Sayvé*.

La L.·. de la Colombe ; député, le F.·. *Cartier*.

Les Elèves de Minerve ; député, le F.·. *Abraham*, V.·. M.·. du G.·. O.·. de F.·.

La Parfaite-Réunion ; député, le F.·. *Merché-Marchand*, Vén.·., Off.·. du G.·. O.·. de France.

Visit.·. Nationaux et Etrangers.

Les FF.·. *Betemps* et *Ferret*, O.·. de Thonon.

Le F.·. *Jean*, Or.·. de Montpellier.

Le F.·. *Paris*, des FF.·. Discrets, Or.·. de Charleville.

Le F.·. *Reclam*, du G.·. O.·. de Berlin.

Le F.·. *Duport*, de l'Union, O.·. de l'Orient.

Et une multitude d'autres estimables FF.·., dont les noms nous ont échappé, mais dont le souvenir est resté dans nos cœurs.

Les Experts annoncèrent ensuite, et conduisirent vers la partie orientale, les TT.·. CC.·. FF.·. *David*, *Poulet*, *Lafon*, *Suque*, *Thibaud*, Off.·. du G.·. O.·. de F.·.;

Riffé-de-Caubray, 2e.·. Surv.·. de la Ch.·. Symbol.·.;

Thurninger, 1er.·. S.·. de la Ch.·. des Gr.·.;

Defoissy, 1er.·. S.·. de la Ch.·. Symbol.·.;

Doisy, G.·. O.·. du G.·. O.·.;

Milly, Présid.·. de la Ch.·. des Gr.·., et M.·. honoraire de l'Att.·.;

Angebault, Présid.·. de la Ch.·. Symb.·.;

Le T.·. C.·. et T.·. R.·. F.·. *Roettier-de-Montaleau*, G.·. V.·. de toutes les LL.·. de France.

La présence de tant de RR.·. Visit.·., et des premières Lum.·. de l'O.·. Français, fut accueillie par un silence religieux, expression naïve de la douleur et des méditations : *l'Harmonica*, touché par une main habile, se faisait seul entendre au milieu de cette solitude, lorsque le Vén.·. recueillant ses pensées, les exprima en ces termes.·.

MM.·. FF.·.,

Un double motif vous rassemble aujourd'hui dans cette asyle du malheur, et provoque également votre attention et les épanchemens de votre cœur. Nous avons à vous entretenir de la perte récente que nous venons de faire de notre T.·. C.·. F.·. BARRÉ, l'un des Fondateurs de la L.·. du *Point-parfait*, Secrét.·. de son souv.·. Chap.·., et ancien Off.·. du G.·. O.·., ainsi que de la mémoire de nos RR.·. FF.·., que l'arrêt du destin a frappés depuis la naissance de nos Trav.·.

Les parois de ce porche, revêtus de ses vêtemens funèbres; les débris de la fragilité humaine, qui entourent ce sarcophage; ces lueurs sépulcrales, qui ajoutent encore à l'horreur des ténèbres; ces sons déchirans et plaintifs qui s'emparent de toutes les facultés de votre âme.... : tout fait naître ici de profondes réflexions, et dispose à la mélancolie : c'est pour alimenter dans vos âmes ce sentiment, et lui présenter à la fois des idées libérales, que le F.·. Orateur va retracer à votre mémoire les arrêtés pris dans une de nos séances précédentes.

RAPPORT DE LA COMMISSION

sur la Pompe funèbre du F.·. Barré.

La Commission que vous avez chargée de vous faire un rapport sur les honneurs Maç.·. à rendre au T.·. R.·. F.·. Barré, n'a pu remplir de suite cette triste et honorable mission, à raison des accidens survenus à notre T.·. C.·. F.·. Orateur ; mais cet intervalle de tems ne s'est point écoulé sans fruit pour notre Attel.·. Les Membres de votre commission en ont profité pour mûrir, par la discussion, et vous présenter ensuite une série d'idées préparatoires, qui ont une connexion plus ou moins intime avec l'objet principal. Avant de s'occuper des derniers momens de la vie, ils ont reporté leur attention sur ceux qui les précédaient, sur les maladies qui nous accablent auparavant, et qui nous entraînent jusques sur les bords du tombeau, ou qui nous y précipitent. C'est dans ces momens fâcheux que l'amitié fraternelle doit déployer tous les charmes de son industrieuse activité : c'est donc pour en ménager à tous les FF.·. l'heureux résultat, que la Commission vous propose d'insérer dans votre Code réglementaire, les articles suivans :

Article Premier.

La L.·. du Point-parfait prendra les mesures convenables pour posséder toujours dans son sein un médecin, un chirurgien et un pharmacien, domiciliés à Paris.

Art. II.

On procédera par la voie du scrutin à leur nomination. Avant de les proclamer, ils contracteront l'obligation de secourir les FF.·. qui reclameront leurs services.

Art. III.

Quand la L.·. aura appris la maladie d'un F.·., elle invitera les Off.·. de santé à lui offrir les secours de leur art.

Le Vén.·. s'y transportera également pour lui porter les vœux de la L.·., et prévenir ses besoins, s'il en avait. Le Trésorier est autorisé à faire, sur la quittance du Vén.·., les avances que ce dernier jugera nécessaires.

Art. IV.

L'indisposition étant jugée d'une nature alarmante, tous les FF.·., d'après la seule annonce qui aura lieu, s'empresseront d'aller voir le malade, et de rendre compte individuellement, dans la tenue suivante, de la visite qu'ils auront faite.

Art. V.

Le F.·. qui recouvrera la santé sera reçu, lors de sa rentrée en L.·., avec tous les honneurs Maç.·. que son âge pourra lui faire accorder. Le Vén.·. lui donnera l'accolade Frat.·., et son heureux retour sera consigné sur les Pl.·. des Trav.·. du jour.

Art. VI.

Si les moyens du F.·. qui aura été malade ne lui permettent pas d'acquitter les Honor.·. des Off.·. de santé, ainsi que les médicamens employés pour la guérison, le Trés.·. en fera les frais sur les quitances respectives.

Art. VII.

Si le F.·. vient à succomber sous le poids de la maladie, celui qui apprendra le premier cette fâcheuse nouvelle, l'annoncera, par un exprès, au Vén.·., lequel, de concert avec le Secrét.·., prendra toutes les mesures nécessaires pour que tous les FF.·. soient appelés à l'inhumation.

Art. VIII.

Les Membres de la L.·., vêtus de noir, ou portant un crêpe au bras, se feront un devoir aussi sacré que rigoureux, de se rendre à l'heure indiquée, au domicile du défunt, et de l'accompagner jusqu'au champ du repos, soit à pied, soit dans des voitures de deuil, dont l'Attel.·. fera les frais. Le Vén.·., précédé d'un M.·. de Cérém.·., marchera à la tête du cortége, et les deux Surv.·. termineront leur Col.·.

Art. IX.

La L.·. choisira une assemblée d'obligation pour faire la pompe funèbre du F.·. qu'elle aura perdu. Celui qui aura le plus connu le défunt dans sa vie civile, présentera des notes historiques, en forme d'instruction, et le F.·. Orat.·. retracera, en outre, une Pl.·. sur quelques vérités morales, analogues à la circonstance : tout autre F.·. pourra payer, par des Pl.·. ou des Cantiques, un tribut à l'amitié.

Il ne sera point distribué de jettons de présence dans cette tenue ; mais les FF.·. qui seront en règle avec le Trés.·., ne payeront pas les frais du banquet : ils seront supportés par la L.·., ainsi que toutes les dépenses extraordinaires que nécessitera la cérémonie.

ART. X.

Si le F.·. défunt laissait un père, une mère, une femme, ou des enfans, dans une indigence réelle, la L.·. s'empressera de les faire jouir du bienfait de l'adoption, et elle combinera ses ressources particulières avec son crédit extérieur, pour mettre ces infortunés en état de pourvoir à leur subsistance.

Nota. Pour atteindre ce but, il a été nommé une Commission qui présentera à l'Attel.·., les vues qui lui paraîtront les plus convenables.

ART. XI.

Pour honorer la mémoire de nos FF.·. décédés, et les rappeler constamment à notre souvenir, il sera élevé dans la L.·., une colonne funéraire sur laquelle on gravera les noms, le Gr.·. Maç.·., et l'année de la mort des FF.·. qui en faisaient partie.

ART. XII.

Tous les ans, dans le cours du 3e.·. M.·. Maç.·., il sera célébré une fête en l'honneur des FF.·. inscrits sur la Col.·.; leurs noms seront proclamés par l'Archit.·., et le F.·. Orat.·. prononcera un discours qui sera suivi d'un Banquet Frat.·., et du renouvellement du serment des amis.

Le F.·. Orat.·. ayant cessé de parler, le Vén.·. debout, et appuyé sur son glaive, a prononcé ces mots : *le F.·. Barré n'est plus!*

Trois fois les col.·. répétèrent cette fatale annonce... *l'harmonica*, par des sons prolongés, semblait vouloir la porter au dehors, et, par un mouvement spontané, les yeux se remplirent des larmes du sentiment. Trois fois le Vénér.·. purifia par l'eau et par le feu les dépouilles mortelles du F.·., déposées sous le cénotaphe, suivant le précepte d'un ancien Me.·. *Meminerit non nisi religionis purificatione lustratus accedere ad templa debere.* Ensuite il ajouta : » Parmi les Prof.·. on inspire un si violent amour de la vie, de si grandes frayeurs de la mort, qu'on ne voit par-tout que des esclaves troublés au moindre choc qui menace leurs chaînes. Chez nous, mes FF.·., bannissons cette pusillanimité, qui rendrait notre condition pire que celle des animaux ; apprenons à aimer la vie, sans nous y attacher, à envisager la mort sans effroi ; et, pour nous rendre à notre caractère primitif, brisons les deux anses par lesquelles l'homme robuste et l'homme adroit nous saisissent dans le monde, pour nous conduire à leur gré.

La mort est la condition pour laquelle nous sommes nés ; la craindre serait une folie, parce qu'on ne craint que les événemens incertains.

La mort n'ôte pas la vie, elle ne fait que la suspendre; un jour viendra qui ramenera l'homme à la lumière, jour fatal qu'on refuserait, peut-être, s'il n'était accompagné d'un profond oubli «. Rappelons donc notre dignité et notre philosophie, reprenons nos outils, que le découragement nous avait fait abandonner, et marchons vers le Temple, où nous attendent le travail et les consolations.

Aussi-tôt les colonnes s'ébranlent, les FF.·. de l'harmonie, placés à la tête du cortége, exécutent une symphonie brillante, les jeunes Ouvriers précèdent leurs Maîtres; l'urne du défunt, couronnée de pavots, est portée dans les bras entrelacés des FF.·. Ier.·. et 2e.·. Sur.·. Quatre Chev.·. choisis dans les Chap.·. *métropolitain*, *des Sincères Amis*, *de l'Océan-Français*, *et de la Constance-Eprouvée*, l'entourent des Drap.·. de leurs Ordres : d'autres FF.·. portent les instrumens et les décorations de ces divers Grad.·.; et les Gr.·. Off.·. terminent la marche, qui se dirige vers le Temp.·. de la Lum.·.

Les arts, le luxe et le sentiment s'étaient réunis, pour en faire un séjour enchanteur. Les couleurs chéries des Maç.·., mélangées artistement, étaient rehaussées par des franges d'or, d'argent et d'azur; et les étoiles, semées avec profusion, faisaient ressortir leur éclat, en lançant de toutes parts des rayons étincelans. Mais, ce qui reposait les regards avec une sorte de volupté, on voyait au milieu du Temple, s'élever un autel de mousse, de forme antique, auquel on parvenait par des marches de gazon symboliquement composées; des guirlandes et des couronnes de fleurs, des allégories ingénieuses en ornaient les surfaces; un superbe acacia le couvrait de son ombre mystérieuse, et laissait entrevoir, à travers ses rameaux délicats et flexibles, le plus bel Or.·. de l'univers.

Ce fut sur ce paisible monument que les Surv.·. déposèrent l'urne cinéraire, ceinte d'une couronne d'*Immortelles*.

Alors le Vén.·. reprit la parole, et dit:

Tout sentiment de tristesse a disparu, mes FF.·., le courage renaît dans vos cœurs, et la joie se manifeste dans vos regards. Combien les Prof.·. seraient étonnés d'un changement si prompt! Ils ignorent, ces infortunés, que l'At.·. des M.·. est le Temple de l'immortalité, et que la mort, en nous dégageant de notre enveloppe grossière, nous laisse jouir avec plus de liberté, de la vie heureuse dont l'initiation était le commencement. O mes FF.·., ô mes amis! qu'elles sont brillantes les destinées futures des M.·.! que leurs prérogatives sont glorieuses, et leurs dogmes consolans! Recueillons donc avec soin, et savourons à longs traits les espérances qui découlent de l'exercice constant des vertus ; et si des pleurs involontaires nous échappent à l'aspect des cendres de nos amis, que ce soient les larmes de la tendresse, et jamais celles de la stupide terreur.

Maintenant, j'ai à vous entretenir de notre F.·. décédé. Sa vie devait vous être retracée par le F.·. *Lefebvre*, son ami, dès l'enfance, ancien Orat.·. de la Ch.·. des Provinces ; le tems ne lui a pas permis de remplir sa promesse. J'ai donc crayonné, à la hâte, quelques notes historiques, qui pourront du moins servir de matériaux à celui qui entreprendra son éloge.

LOUIS-ETIENNE BARRÉ, naquit à Charleville, en 5740. Il fit ses études avec beaucoup de succès chez les Jésuites, ce corps à jamais célèbre par ses lumières, sa puissance, ses malheurs et sa ruine. Il paraît qu'il cultiva, de préférence, la littérature, et il portait dans les discussions, un esprit sain, une critique raisonnée et un jugement exquis, fruits des excellens principes qu'il avait puisés chez ses maîtres. Ces qualités étaient encore embélies par une modestie réelle, vertu si rare chez les gens de lettres, et par une sorte de défiance de lui-même, qui imprimait quelquefois sur ses opinions une teinte de septicisme ou d'irrésolution.

A ce genre d'étude, il joignit, dès le bas âge, un attachement particulier pour les arts mécaniques. Plus d'une fois ils lui servaient de délassement au milieu de ses occupations sérieuses, ou des sollicitudes de la vie ; et il avait porté cette science à un degré qui faisait honneur à son jugement, et à l'étendue de ses connaissances.

Chargé, dans le Bas-Anjou, de la gestion d'une grande propriété, il sut mettre en pratique les brillantes théories qu'il avait puisées dans les ouvrages et les sociétés académiques.

L'agriculture, soumise à des usages routiniers, était par conséquent, très-bornée dans ses productions ; il étendit son domaine. Ses premières tentatives furent heureuses, et ses recherches successives consacrées par de nombreux succès. Bientôt les prairies artificielles remplacèrent les jachères stériles ; il cultiva la racine de disette, ou *betterave champêtre*, qui fournit un excellent fourrage en hiver, et un aliment succulent pour nos tables. Il favorisa les semis de pommes-de-terre, lesquelles étaient abandonnées jusqu'alors aux animaux domestiques ; et, par son exemple et sa longue patience, il réussit à les substituer en nature, ou en fécule, au pain noir et indigeste dont se nourrissaient la plupart des habitans. Non content de leur faciliter des moyens plus salubres d'exister, il encourageait l'industrie, soulageait les malheureux ; et, comme sa modestie souffrait des témoignages de gratitude qu'on lui prodiguait, il accompagnait souvent ses bienfaits de formes sévères qui paraissaient en diminuer le prix. Quoi qu'il en soit, pendant trente années consécutives, il fit le bien de son canton : il y fonda une école publique, et il goûta ce plaisir si pur de voir des générations de jeunes villageois aussi instruits que leurs pères et leurs ayeux avaient été ignorans.

Environné de la confiance publique et de l'estime universelle, heureux du bonheur de ses semblables, le F.·. Barré était parvenu à l'automne de sa vie, sans maladie, sans remords et sans inquiétude pour l'avenir. Exempt d'ambition, et ayant peu de besoins, il se proposait de passer l'hiver de ses ans dans la paisible solitude qu'il avait choisie depuis longtems. Mais que peuvent les vains projets des humains contre les vicissitudes de la vie, et les secousses politiques? Les orages révolutionnaires se forment dans le pays même qu'habitait ce vertueux citoyen. Dès-lors, plus de repos et de sûreté pour lui; toutes ses espérances sont détruites; cinquante années de vertus ne peuvent le rassurer contre l'effervescence des passions. Il fuit une terre devenue pour lui un foyer d'alarmes; il laisse dans des mains étrangères ses champs, ses moissons, les arbres qu'il avait plantés, et ses pas, d'abord incertains, se dirigent enfin vers la capitale, où l'amitié lui ménageait la plus douce hospitalité.

Ce fut après six mois de séjour à Paris, que notre ami reçut la lumière après laquelle il soupirait depuis plusieurs années : on eut dit que le G.·. Arch.·. lui ménageait ce nouveau bienfait, pour le dédommager de la perte de sa fortune, et adoucir l'amertume de ses chagrins. Il entra dans cette carrière inconnue avec la même ardeur que nos jeunes Néophytes : c'était en 5796. Son zèle, son intelligence et son assiduité déterminèrent le G.·. O.·. de France à l'admettre au rang de ses Off.·. L'éloignement et la faiblesse de sa vue le forcèrent de renoncer à cette faveur, et le regret qu'il en conçut fut un des plus cuisans de sa vie.

Aimé, respecté de tous les Maç.·. qui l'ont fréquenté, il avait tellement mérité la confiance de la L.·., qu'elle le continua très-long-tems dans la place de Trés.·. : il remplissait aussi, avec la même assiduité, les fonctions de Sec.·. dans le Souv.·. Ch.·. et ses infirmités seules, ont pu mettre un terme à la constance de son zèle, et au besoin qu'il avait de partager nos Trav.·. Depuis quelque tems on avait remarqué une altération sensible dans les traits et la constitution physique de ce R.·. F.·. Son absence fit naître des inquiétudes sur sa situation : elles devinrent encore plus vives lorsqu'on apprit qu'il était attaqué d'obstructions au foie, maladie toujours incurable, comme toutes celles qui attaquent les viscères, quand on n'a pu dissiper les premiers foyers morbifiques. L'époque seule de sa dissolution était incertaine... Elle arriva après deux jours de souffrances plus vives que les précédentes, dans la nuit du Ier.·. J.·. du Ier.·. M.·. de l'année courante, 5802, vers la 24e.·. heure. Il a quitté, mes FF.·., la carrière de la vie à l'instant où les Ouv.·. se retirent de leurs Trav.·. ; et il nous laisse, pour héritage, une mémoire sans reproche, une vie remplie par des actions utiles, et sanctifiée par la pratique des vertus Maç.·.

Vous ignoriez, mes FF.·., la plupart des faits qui vous ont été transmis sur le F.·. Barré. Il a fallu que la mort le frappât pour laisser à découvert ses excellentes qualités, et les services qu'il a rendus à sa patrie ; telle est la destinée de l'homme de bien : il ressemble aux parfums dont on n'obtient une odeur délicieuse qu'après les avoir broyés.

Le F.·. *Mercadier*, Sec.·. gén.·. de l'Att.·. et Hospit.·. du G.·. O.·. de F.·., a completté l'instruction, en chantant des strophes qu'il avait composées à cet effet : le F.·. *Cousineau* l'accompagnait de sa harpe.

Air : *O ma tendre Musette !*

Muse tendre et plaintive,
Prête-nous tes accens.
La douleur la plus vive
Pénètre tous nos sens :
Un Frère, hélas ! succombe
Sous de cruels destins ;
Qu'un cyprès sur sa tombe
S'élève par nos mains.

***

Ombre, à nos cœurs si chère,
Ne quitte point ces lieux,
Sois toujours notre Frère ;
Sois présente à nos yeux.

Une éternelle gloire
 Suivra ton sort mortel;
Au temple de mémoire
 Brillera cet autel.

***

Entends la voix chérie
 D'amis et des Maçons!
Ecoute, elle s'écrie
 Par de lugubres sons:
Ils n'ont pû te défendre
 Des horreurs du tombeau;
L'amitié, sur ta cendre,
 Rallume son flambeau.

Ce R.·. F.·., remplissant ensuite les fonctions d'Arch.·. de la L.·., prononça le morceau suivant:

TT.·. CC.·. et TT.·. RR.·. FF.·.,

Honorer la mémoire des hommes estimables qui nous ont précédé, c'est remplir les devoirs de la reconnaissance et de l'humanité. Honorer la mémoire de nos amis, c'est, de tous les devoirs qui nous sont imposés, le plus cher, comme le plus profitable. L'Etre, en le rendant à son semblable, l'attend également de lui, et les témoignages de tendresse et de respect dont il l'accompagne, lui seront prodigués à son tour. C'est un échange de sentimens, qui ne demande point de reconnaissance ; c'est enfin un tribut d'hommage de famille à famille, et le lien précieux qui les unit entre elles.

Pour rendre ce lien indissoluble, et donner à la fois un exemple éclatant du culte religieux dont on doit environner le souvenir de nos amis, la L.·. du *Point-parfait* a décidé qu'il serait élevé dans son sein une colonne funéraire, consacrée à la mémoire de ses FF.·. décédés. Elle place dans cette classe, comme les premiers-nés de la famille, ceux qui ont reçu leur salaire dans les Attel.·. de *Saint-Louis* de la Martinique, et des *Amis de la Liberté*, dont elle n'est qu'une émanation.

Voici l'ordre dans lequel le destin lui-même les a rangés.

Le F.·. *Chardini*, artiste du Théâtre des Arts. Il fut bon ami, excellent camarade, exact à remplir ses devoirs civils, et très-zélé Maç.·. ; il mourut à l'âge de 38 ans, en 5793, second Surv.·. des Amis de la Liberté.

Le F.·. *Hue*, célébra cette perte par des Vers, que le F.·. *Chéron*, du même Théâtre, mit en musique :

QUEL voile obscur couvre l'enceinte
De ce Temple mystérieux ?
Avec effroi, je laisse errer mes yeux.
Dans tous les cœurs la douleur est empreinte;
C'en est fait : *Chardini* n'est plus.
Apollon a brisé sa lyre,
Echo n'a plus rien à dire;
Tous nos regrets sont superflus.
Qui consolera Polymnie,
De la perte de son amant ?
Dans son aveugle furie,
La parque frappe en un moment,
Des arts le plus bel ornement,
Et le soutien de la Maçonnerie.

Le second est le F∴ *Mercadier*, mon fils unique, sur lequel reposaient mes plus chères espérances. Né avec des passions tranquilles et peu d'ambition, il s'arracha aux charmes de la molesse, et prit le caractère d'un guerrier, quand il fut question de voler, avec ses jeunes compatriotes, à la défense de son pays. Son intelligence et sa bonne conduite l'élevèrent au rang de capitaine : il remplit son poste avec le courage d'un Français, et perdit la vie au champ d'honneur, à l'âge de 26 ans, en 5793. Les lauriers de la gloire n'ont pu arrêter la foudre qui l'a frappé ; elle retentit encore dans ce cœur paternel... toi seule as pu me consoler, ô sublime Maç∴, puisque tu m'as rendu un fils dans chacun de mes FF.·.!

Le troisième est le F.·. *Rampon*, Trés.·. de la L.·. de la *Martinique*. Sa vie a été remplie par une série universelle de vertus civiles et Maç.·. Bon père, époux fidèle, il travaillait en silence à l'édification du T.·. dont il fut long-temps une des principales col.·. : il cessa de vivre en 5795, il était âgé de 60 ans.

Le quatrième est le F.·. *Orsy*, Arch.·. de la L.·. du *Point-parfait*. Ce modeste et savant artiste, né à *Candello*, petite ville du Piémont, fut envoyé par le roi de Sardaigne, en 5784, à la cour de France, pour y faire les bustes, en cire, de la famille royale. L'estime particulière que lui portaient ses contemporains, *Clodion*, *Houdon*, *Fragonard*, *Greuze*, et, ce qui est moins suspect encore, la plupart des Ouvrages sortis de ses mains, attestent qu'il a poussé son art au plus haut degré de perfection. Ses momens de loisir étaient la propriété de ses FF.·., et depuis 5796, époque de son initiation, jusqu'à sa dernière maladie, nous l'avons vu aussi exact aux Trav.·. que rigide observateur des lois Maç.·. La mort l'a moissonné, en 5799, dans l'automne de sa vie : il n'avait que 53 ans.

Le cinquième est le F.·. *Cousineau*, l'un des fondateurs de la L.·. des *Amis de la Liberté*. Le nom de ce R.·. F.·., et l'instrument harmonieux qu'il a perfectionné, seront célèbres dans les arts, tant qu'il restera du goût parmi ceux qui les cultivent. Trés.·. de la L.·., il ajouta souvent aux fonds, dont il était dépositaire, une portion de ses facultés, pour procurer des outils, ou d'autres matériaux convenables à l'embélissement du Temp.·. Pendant quarante ans, il savoura, sans aucune altération, les délices attachés à l'union conjugale, à l'amour paternel, et aux épanchemens de l'amitié. Une maladie aigue l'enleva subitement dans sa 60e. année, en 5799. Ainsi, la gloire, la fortune et le bonheur, qui contractent si rarement une alliance ensemble, l'ont accompagné constamment dans le sentier de la vie, et l'ont, en quelque sorte, déposé sur les marches du tombeau.

La pompe funèbre des FF.·. *Orsy* et *Cousineau*, fut célébrée par l'Attel.·. du *Point-Parfait*, quelques mois après leurs décès. Voici les Stances qui furent faites, à cette occasion, par le F.·. *Guiton*.·.

O TOI ! qui tiens la mesure des âges,
Qui, sans pitié, détruis tous tes ouvrages;
Vieillard ailé qui, seul, ne péris pas :
O tems ! arrête, ici suspends tes pas.
Les arts sont tes enfans, tu leur donnas la vie,
A leur aspect touchant brise ta faulx impie.

***

Eh quoi ! nos vœux en vain se font entendre;
En vain nos cris l'ont conjuré d'attendre.
Orsy par toi touche au bord du cercueil.
O tems ! arrête, épargne-nous ce deuil :
Orsy, par qui la cire imita la nature...
Il expire... ah ! pleurez, Muse de la Sculpture!

***

Que dis-je? hélas ! un nouveau deuil succède,
Ta faulx barbare a frappé sans remède.
Harpe et guittare ont perdu leurs accords,
Du sombre Styx *Cousineau* voit les bords.
Au funèbre cyprès Muse suspends ta lyre,
Il n'est plus de concert quand cet Orphée expire.

Sur le piédestal qui portait le buste d'un jeune enfant, dernier ouvrage d'*Orsy*, on lisait ce quatrain du F.·. Mercadier.·.

Orsy, par ses talens, fixa la ressemblance;
Rival de la nature, il créa la beauté.
Maçon, il exerça sur-tout la bienfaisance,
Ce titre seul l'élève à l'immortalité.

Le sixième est le F.·. Isidore-Modeste *Fustier*, frère de notre Vén.·. Ce jeune homme, doué d'une physionomie heureuse, avait reçu de la nature d'excellentes dispositions pour parcourir avec succès la carrière des sciences. Les troubles qui se perpétuaient en France, et le besoin d'aller chercher ailleurs le repos nécessaire pour rétablir sa santé, le déterminèrent à se rendre à l'île Saint-Domingue. Après deux ans de séjour, pendant lesquels il visita avec son frère, Florence *Fustier*, les débris des Temp.·., épars çà et là sur cette terre désolée, il partit pour Newyork, dont la température lui semblait plus favorable. Le vaisseau fut jetter l'ancre devant l'hôpital de *Staten-Island*; un vent affreux cassa les deux cables, et le bâtiment vint échouer sur le sable devant la ville. Ce fut-là qu'il trouva le terme d'une vie depuis long-tems languissante, dans le 8e.·. M.·. de 5799, à l'âge de 27 ans.

Le F.·. *Darnaud*, auteur de *Comminge*, qu'il avait connu, exprima ses regrets dans une élégie; en voici quelques fragmens :

. . . .

Les premiers pas qu'il fit dans notre temple,
Enflamèrent sa noble ardeur;
Aux compagnons sans doute il eût servi d'exemple.

Trop vain espoir ! de sinistres destins
L'emportent sur des bords lointains :
La mort l'attendait au rivage.
Tel que l'arbre *Mystérieux*,
Dont un vent ennemi, de sa tige envieux,
Vient dessécher le séduisant ombrage ;
Fustier voit ses jours se flétrir.
Il meurt ; et son âme attendrie,
Rappelle encor dans son dernier soupir,
Et sa famille et sa patrie.

Le septième est le F.·. *Peuvret*, ex-Vén.·. de la Martinique, et Off.·. honoraire au Gr.·. Or.·. de F.·. Peu de Maç.·. ont contribué plus efficacement que lui au soutien de l'Ordre, et à l'instruction des FF.·. Le poste civil qu'il occupait lui laissant assez d'aisance pour se satisfaire, il fit ramasser à grands frais, en Angleterre et en Ecosse, *l'Egypte de la Maç.·.*, des notes plus ou moins précieuses, sur une foule de Gr.·. supérieurs, dont la majeure partie vous est inconnue.

Cette riche collection est passée dans les mains du F.·. *Abraham*, qui se propose de les communiquer, par ses annales, aux Maç.·. Français. Le F.·. *Peuvret* est mort à 73 ans, en 5800.

Le huitième, mes FF.·., et le dernier dont j'ai à vous entretenir, est le T.·. R.·. F.·.

Boileau, médecin de l'hôpital des Hollandais, établi par cette nation. Fondateur de la L.·. *Saint-Alexandre* d'Ecosse, il contribua aussi par son zèle et ses lum.·. à la restauration du S.·. Cha.·. du POINT-PARFAIT.

Il paraît constant que le F.·. *Boileau* a reçu des mains du duc de Sudermanie, le titre de Subl.·. Maç.·. A.·. *T.·. Gr.·.*, en même-tems que le feu roi de Suède, et qu'on le reconnaissait pour Gr.·. M.·. de la *Maç.·. Hermétique*, en France.

Mais, quelle est cette *Maç.·. Hermét.·.*, demanderont sans doute les jeunes Maç.·. avides de s'instruire? Qu'ils consultent l'auteur de l'histoire des religions, M[r]. *Delaulnaye*, et leur curiosité sera satisfaite.

» Toutes les cosmogonies, dit-il, les Mythologies ou systêmes religieux de tous les peuples, ont une même source, un fondement commun, présentent un sens unique à celui qui sait en interpréter les Hyéroglyphes; et cette science sacrée, le but et la fin des initiations, et de la Fr.·.-Maç.·., c'est l'étude de la nature dans la génération des corps. On l'appelle philosophie ou physique hermétique, parce que, suivant la tradition des Egyptiens, nous en devons l'origine au fameux *Thot*, dit *Hermes-Trismegiste*, ou trois fois Grand, qui fut ou roi, ou prêtre, ou dieu d'Egypte, et que l'on confond ordinairement avec *Mercure*.

La physique hermétique est donc la connaissance exacte et entière des mystères de la Nature dans la génération des corps, à commencer par celle du monde lui-même; c'est-à-dire, la connaissance du principe et des moyens qui opèrent:

1.	2.	3.
La *destruction*,	la *création*,	le *développement*.
Typhon.	*Osiris*.	*Horus*.
M.	J.	B..

La *mort*, la *naissance* et la *vie* de tous les corps. Je mets la mort, ce grand hiéroglyphe de la Nature, avant la vie, parce qu'en effet elle la précède et en est la porte. Voilà pourquoi le grade de Me.·. renferme réellement tous les autres, et que c'est à tort que les Catéch.·. expliquent la lettre G autrement que par le mot *Génération*. «

Gardez-vous cependant, mes FF.·., de confondre la Maç.·. herm.·. avec *l'alchymie*; celle-ci n'est qu'une branche, une application particulière, une spécification de l'autre. L'alchymie est l'art de purifier les métaux, et de convertir en or la partie de ces métaux, qui en est susceptible ; je dis la partie seulement, car quiconque prétend convertir en or un métal entier, est un souffleur ou un frippon.

Si la philosophie hermét.·. est l'initiation aux mystères de la génération, c'est à la recherche de ces grandes vérités que vous devez porter désormais toute votre application, et vous recueillerez, comme le F.·. *Boileau*, la récompense attachée à la persévérance. Ce sage et vertueux F.·. a terminé sa carrière dans le 3e.·. M.·. de l'année courante 1802, laissant un fils, M.·. de la L.·. des Artistes, héritier de son goût pour le travail, du fruit de ses recherches et de ses lumières.

Tels sont, mes FF.·., les noms des Ouv.·. que nous avons perdus, depuis la consécration de ce Temple, et qui doivent être inscrits les premiers sur la col.·. de vie. Un jour on y lira les nôtres... Puissent-ils présenter aux FF.·. qui nous survivront, le degré d'intérêt, d'estime et d'attachement que ceux-là nous inspirent! En attendant cette époque, qu'il n'est pas en notre pouvoir de reculer, respectons les décrets de la sagesse éternelle, redoublons d'ardeur pour amener nos ouvrages à leur perfection ; partageons-nous à l'envi les fatigues inséparables de ce douloureux voyage, recevons dans nos bras les Ap.·. qui le commencent, pressons sur notre sein nos Comp.·. qui tiennent la même route, et que notre cœur soit le dernier asyle de tous les Maç.·. qui ont achevé de la parcourir.

Une triple batterie a couvert cette proclamation, et le F.·. *Rizaucourt*, Orat.·. des *Elèves de Minerve*, a chanté, avec accompagnement de harpe, par le F.·. *Cousineau*, ces Vers, que sa muse facile venait d'enfanter.

Air : *La Vie est un Voyage.* (Des mystères d'Isis.)

Fuis, ô douleur amère,
N'afflige plus nos cœurs!
Sur la tombe d'un frère,
Nous répandons des fleurs... *ter.*
Si la mort de sa faulx cruelle
Nous prive d'un ami fidelle,
Il faut de ce sort malheureux
Repousser le tourment affreux.
Maçonnerie,
Qui, de la vie,
Sais nous adoucir les rigueurs,
Arrête, s'il se peut, nos pleurs. *ter.*

* * *

Toi, qui donnas l'exemple
De toutes nos vertus,
Avec nous, dans ce temple,
Ah! tu ne seras plus.... *ter.*

Ce qui soutient notre courage,
C'est que ta douce et pure image,
Sans cesse présente à nos yeux,
Restera toujours en ces lieux.
Et notre plainte,
Dans cette enceinte,
Portera ton nom répété,
Au sein de l'immortalité. *ter.*

***

De la voûte éternelle,
Tu trouvas le chemin :
De la gloire immortelle,
Te voilà dans le sein. *ter.*
Exempt de peine et de misère,
Au vrai séjour de la lumière,
Sans aucuns désirs, ni souhaits,
Frère, tu goûtes à longs traits
La jouissance
De l'innocence,
Près d'un Dieu rémunérateur,
Plein de sagesse et de splendeur. *ter.*

***

Du deuil qui nous accable,
Enfin bravons l'effort ;
D'un calme inaltérable,
Envisageons la mort. *ter.*
Employons bien notre existence ;
Fidèles à la bienfaisance,
Mes Frères, toujours imitons
Celui qu'ici nous regrettons. . .

Bons, équitables,
Et charitables,
Soyons vertueux à jamais,
Nous nous endormirons en paix. *ter.*

L'attention générale s'est ensuite reportée sur le F.·. *Hue*, Orat.·. de l'Att.·. qui a communiqué le morceau d'Archit.·. suivant de sa composition.

Quels sont donc, TT.·. CC.·. FF.·., la cause, le motif et la fin de l'imposante cérémonie qui nous appelle aujourd'hui dans cet enceinte! Quel mélange sublime de mélancolie et de sérénité! Des emblêmes de deuil mêlés à des trophées de gloire. Que signifie ce contraste mystérieux? La Maçonerie seule peut opérer ce prodige. Dans cette réunion précieuse, j'apperçois le triomphe de l'amitié; dans l'éclat de cette pompe, je découvre *l'immortalité*. L'une et l'autre, déployant à mes yeux leur magnificence et leurs richesses: comment oser prétendre à tracer un aussi majestueux tableau! l'esprit s'y refuse, mais le cœur plus hardi se charge de l'entreprise; pure et solide amitié, c'est toi que j'implore! semence divine, que le ciel a jetée sur tout mon être, produis dans celle de mes FF.·., le fruit précieux que nous en attendons, *l'espoir* et le *bonheur*. Qui sait t'apprécier et te goûter, croit nécessairement aux miracles ; l'ami qui n'était plus est ressuscité. Et toi, *immortalité !* toi, le plus excellent des êtres moraux, je sens aujourd'hui plus que jamais, mon âme s'agiter et se débattre : elle veut rompre les liens que la main du tems a tissus pour l'enchaîner. Déjà elle brûle de s'élancer dans le sein de l'éternité. Que le matérialisme se taise ; mon intérieur est un argument sans replique : *je suis immortel.*

Développons cette pensée ; disons mieux, ce sentiment. Indulgence, MM.·. FF.·., jamais je n'en eus un plus grand besoin : mes faibles organes sont trop au-dessous du sujet que je traite ; mais la portion de Dieu même qui agit en moi m'ordonne ; j'obéis à la voix du cœur ; que le vôtre m'étaye et lui soit favorable. Je sais que *l'immortalité* de l'âme peut être considérée sous le rapport religieux et sous le rapport civil. Point de religion sans ce dogme ; point de société sans ce principe. Ne craignez point, MM.·. FF.·., que je me permette d'analyser aucun culte ; les règles Maçon.·. sont trop gravées dans ma mémoire ; l'esprit de notre institution est trop le régulateur de ma conduite, pour que j'ose porter une main téméraire sur l'éphod, l'étole ou le turban ; je puis seulement avancer, sans enfreindre nos lois sacrées, que tout acte de religion a pour base et pour but *l'immortalité*. *Lok* reconnaît qu'un corps doué de pensée est incompréhensible. *Sherloch* avance que si l'âme était matière et périssable, tout ce que l'âme croirait voir serait incertain et équivoque, puisque les mêmes impressions peuvent être faites sur une matière par mille corps différens.

S'appuyer sur son innocence, dit *Bayle*, c'est s'appuyer sur un roseau cassé, qui perce la main de celui qui s'y appuie, si on ne joint pas l'espérance du bien à venir. *Cicéron* désirait l'immortalité: *Seneque* aimait qu'on la lui persuadât. *Arnobe* s'étonnait qu'on aimât à disputer sur ce point, où il n'y a qu'à gagner. Pourquoi, dit le Spectateur Anglais, *l'immortalité* fait-elle regarder indifféremment les revers de la fortune, les douleurs, les maladies? C'est en vue d'un avenir sans fin, où il n'y aura ni chagrins, ni séparations d'amis. Ni séparations d'amis! nous nous verrons donc toujours, TT.·. CC.·. FF.·.; toujours nous nous aimerons. Je puis donc espérer, mânes chéries des FF.·., qui planez sur ce temple auguste, je puis espérer que nous bénirons ensemble le G.·. Arch.·., qui a reçu nos sermens! Nous aurons pour durée de nos travaux sublimes, le vaste espace de l'éternité : il ne sera plus minuit pour nous. Doit-on craindre les ténèbres auprès du foyer divin, dont les rayons sont alimentés par le souffle d'un être infini ?

Envisageons donc *l'immortalité* sous le rapport maçonique, et faisons-en la juste comparaison avec la froide idée qu'en conçoit le vulgaire. Sans préjuger défavorablement des assemblées profanes, une pénible expérience ne nous prouve que trop combien elles sont éloignées d'apprécier, de goûter par anticipation le bienfait de l'immortalité. Par un contraste bizarre de croyance et de conduite, presque toutes leurs jouissances ont pour but la destruction. Le profane dérobe à la Lumière ce qu'il appelle le plaisir : c'est dans l'épaisseur des ténèbres qu'il ensevelit l'abus de ses facultés. Son corps vacillant et débile peut à peine maintenir son équilibre, quand il a dévoré sa propre substance jusqu'à la satiété. Son âme s'énerve, parce qu'elle ne trouve plus les organes disposés à développer son énergie première. En vain invoque-t-on le sommeil ; il est remplacé par un engourdissement léthargique, qui absorbe jusqu'au principe de la vie ; ne cherchez plus en lui ni sentiment, ni sensation, à peine lui reste-t-il assez de mouvement pour faire présumer son existence. L'homme était sorti pendant le jour ; l'automate rentre à la fin de la nuit, et l'œil presque éteint, se ferme au plus beau des momens, celui où la Nature se réveille et sourit au Créateur. Dignes MM.·. qui m'écoutez, ces jouissances homicides peuvent-elles soutenir le parallèle de celles que nous goûtons dans ce Temple de l'amitié ? le sourire repose toujours sur nos lèvres, notre Jak.·. est émané de Dieu, il est prononcé pour Dieu, il nous rapproche déjà de ce G.·. Arch.·., qui nous prépare un édifice digne de lui et de nous, et depuis l'instant où il nous autorise à le nommer, jusqu'à l'époque où l'aigle nous porte sur ses ailes, avec l'escorte des trois vertus sublimes, nous avançons d'un pas ferme et assuré jusqu'à cette demeure éternelle, où il n'y a plus de parole à chercher.

Que le feu matériel finisse par s'éteindre ; c'est dans l'ordre des choses secondes : un corps a besoin d'un autre corps pour se mouvoir et s'alimenter. Pourquoi l'âme ne s'éteindra-t-elle jamais ? parce que Dieu est par essence celui qui est, et que cette âme, feu vraiment céleste, n'a qu'une simple et courte visite à rendre au globe que nous habitons.

La vie est à l'éternité ce que l'aurore est au grand jour ; telle est la proportion du G.·. Arch.·. c'est donc la seule que doive connaître le vrai Maç.·. Nous épelons les mots sacrés ; ne vous y trompez pas, MM.·. FF.·., c'est moins pour en dérober la connaissance à l'indiscrète curiosité, que pour nous enseigner à nous-mêmes que la nature de notre divin Arch.·. est un problême pour le Maç.·. vivant. Attendons que le grand coup de maillet soit donné, et nous aurons la solution : tel que soit ici bas notre âge maçonique, ce sera toujours l'âge de la minorité. Il est une époque, et une époque seule, où notre majorité commence. Illustres FF.·., dont nous honorons la mémoire, vous y êtes parvenus, vous êtes nos maîtres, parce que le Maître par excellence vous a introduit à son éternel Orient.

Voyez, MM.·. FF.·., avec quelle avidité chaque néophite désire d'avoir des augmentations de gage : il soupire toujours après un grade supérieur. D'une colonne il cherche à passer sur une autre ; bientôt son œil se porte vers le sanctuaire. Que lui reste-t-il à faire quand il y est parvenu ? ce n'est plus le Maçon qu'il considère, il parcourt tous les points de la voûte d'acier, jusqu'à ce qu'il atteigne au trône du G.·. Arch.·. : ne ressemble-t-il pas à un malade qui demande à respirer son air natal ; et l'immortalité ne serait pas démontrée par nos travaux mêmes ! Maçons vertueux, tant que vos regards errent autour de vous, votre front est sillonné par l'inquiétude ; fixez votre vue vers l'Orient futur, et vous allez sourire. L'abeille ne reste sur la fleur qu'autant de temps qu'il lui en faut pour en extraire le suc. Que la *foi* vous console, que *l'espérance* vous soutienne, que la *charité* vous vivifie ; vous avez déjà soulevé un des coins du voile qui sépare le temps de l'éternité.

L'idée bien réfléchie sur l'immortalité, devient en nous le principe créateur de ce sentiment doux et précieux de *l'amitié*. C'est ce que le cœur appelle l'emploi du temps. On dit que la rareté des choses en fait le prix. Quel trésor un ami n'est-il donc pas ! C'est le seul bien durable, parce qu'il est identifié avec notre être, et si la mort creuse une portion du globe pour l'un, quand elle laisse l'autre errer sur la surface, il y a un point de ralliement, fixé par la main de l'Eternel, et il n'est pas un ami sincère qui ne dise en le quittant à son ami ; *je te lègue mon cœur*. Mânes chéries, nous acceptons ce legs précieux ; comptez sur notre fidélité à garder ce dépôt sacré. Nous vous le reproduirons à l'époque désignée par le Maître des Maîtres, et, à votre exemple, nous testerons également en faveur des FF.·. qui auront encore ici quelques séries d'instans à parcourir.

Les Prof.·. donnent à un ami le nom de *phénix*, dont tout le monde parle, et que personne n'a jamais vu. Les amis du jour ressemblent à ces oiseaux de passage, que la belle saison nous amène, et qui désertent nos climats, lorsque le froid commence à condenser l'athmosphère. Dans quelle société étrangère à la nôtre, trouverez-vous une fête où soit invité l'habitant des tombeaux ? Par tout ailleurs qu'ici, les cérémonies funèbres sont presque toutes dirigées par la tristesse, née de la disgrace, qu'enfanta l'imagination. Le Prof.·. s'affecte sans en considérer le sujet, presque toujours il donne à la foiblesse le nom de *chagrin ;* et souvent que pleure-t-il ? un de ces sortes d'amis, qu'on pouvait assimiler à une belle maison de campagne, dont on ne tire aucun revenu, et qui coûte beaucoup à entretenir.

Sans doute, nous éprouvons un sentiment de regret, de peines même ; mais ce regret, cette peine, sont tempérés par l'espérance. Semblable à ces liqueurs spiritueuses, dont quelques goûtes suffisent pour réveiller l'existence, l'espérance de revoir le F.·. chéri avec lequel nous nous entretenons aujourd'hui, nous rappelle à la vie, et aide à achever notre carrière plus ou moins avancée. Le tems est le chemin de l'éternité; on ne le fait qu'une seule fois, et l'espérance en est bien courte. L'urne qui fixe aujourd'hui nos regards est comme cette pierre, à qui l'on donne le nom de clef, elle fait un ensemble, du passé, du présent, et de l'avenir. Ne la comparons pas à l'épitaphe gigantesque, dernière des vanités de l'homme, et qui souvent est une marque plus sûre de l'orgueil des vivans, que des vertus du défunt. Parmi les Prof.·., le mensonge triomphe encore sur des monceaux de cendres; celui qui n'est plus en impose, lors même qu'il ne peut plus parler. Ce sarcophage, au contraire, est la récompense de la vertu, c'est la demeure mystique d'un F.·., bien mieux placé que nous. Il semble voir sa substance spirituelle planer circulairement autour de ce monument symbolique ; elle sourit à notre amitié, à notre reconnaissance et nous-même nous jouissons par anticipation de cette idée consolante, que les FF.·.

moins prêts du but que nous, consacreront quelques instans à honorer notre mémoire. Si cette époque est désignée autant par nos vertus que par nos années, les jeunes FF.·. qui nous survivront auront appris qu'un âge honorable a été la couronne d'une vie exemplaire, et que nos cheveux blancs étaient les lauriers que le tems avait mis sur nos têtes.

Observez scrupuleusement, que je n'entends parler ici que des années comptées par les vertus. Heureux le Maç.·. qui les cultive ; il passe ses beaux jours sans agitation, et sa vieillesse sans remords : il jouit d'un repos inconnu aux Prof.·., parce qu'il sait ce que c'est que le contentement ; il n'a, pour les choses offertes par la société, qu'une estime proportionnée à la valeur ; tous ses desirs se portent vers le Gr.·. Arch.·. Ce temple n'est pour lui que le vestibule du temple de l'*Immortalité*. Ses actions sont le fondement de la félicité future. Sans bien, il est riche, puisqu'il a le cœur de ses FF.·. Il est *Alexandre* par son courage; *Antonin* par son respect pour la divinité; *Scipion* par sa continence ; et *Théodore* par son humilité : en un mot, il est tout, puisqu'il est vraiment Maçon.

Immortalité! comment aurais-je pu te peindre, je n'ai pu même te définir? L'esprit est trop borné pour atteindre jusqu'à toi; c'est au cœur, au cœur seul qu'il appartient de rompre la barrière du tems, pour s'élancer dans l'infini. Je te pressens, je te désire; ce sentiment est l'ouvrage d'un Dieu; un Dieu peut-il tromper! Ombres sacrées, qui du sommet du temple où vous a placé l'Eternel, portez vos regards radieux vers cet enceinte de la reconnaissance; recevez le juste tribut d'hommage que nous vous rendons. Voyez tous les Oriens n'en former aujourd'hui qu'un seul, pour recueillir l'héritage précieux que vous nous avez laissé. Il n'y a aujourd'hui qu'un temple, parce que nous n'avons tous qu'un cœur pour honorer votre mémoire. Vous êtes le centre de nos travaux, soyez-en le protecteur : devenez notre organe auprès du Gr.·. Arch.·.; obtenez de lui qu'après avoir fait les trois pas de la vie; la vieillesse, le dernier de tous, nous fixe vers l'Orient céleste, dont le nôtre n'est que la figure. La *Foi* a dessillé nos yeux, nos cœurs ont été dilatés par l'*Espérance*; que la *Charité* nous prête son flambeau, pour que nous *marchions, sans crainte de nous égarer, jusqu'au séjour de l'immortalité.*

Après la lecture de cette Pl∴, qui a été écoutée avec un recueillement religieux, le F∴ *Abraham* a prononcé un éloge poétique en l'honneur du F∴ *Barré*.

Nous offrons nos regrets à cet ami fidèle,
Tombé sous les ciseaux de la parque cruelle :
Lui, qu'on vit autrefois d'une si noble ardeur,
De la Maçonnerie animer la splendeur,
Dont l'amitié toujours fût pure et sans nuage,
Est privé de la vie à la force de l'âge.
Inexorable mort, qui détruis à la fois
La cabane du pauvre et le palais des rois,
Pourquoi nous enlever l'objet de notre estime ?
Fallait-il que Barré fût si-tôt ta victime ?
Ainsi, dans ses beaux jours, au milieu de nos champs,
Un arbre déployant ses rameaux bienfaisans,
Tombe sous les efforts d'une injuste coignée,
Et fait gémir au loin la campagne indignée.
Cette urne funéraire et ses marques de deuil,
Dont ses amis présens honorent son cercueil,
Expriment la douleur dont leur âme est émue,
Par le coup malheureux d'une mort imprévue.
Enlevé, pour jamais, par un sort rigoureux,
Emportant les regrets d'amis si généreux,
On ne le verra plus au bord d'une fontaine
Sur un sable argenté, serpentant dans la plaine,
Admirer la nature et les ressorts divers
Qui font mouvoir, agir cet immense univers :
Ou bien, sur ses devoirs, illuminant son Frère,
Lui donner un avis juste, sage et sincère.
Barré, qui, dans le temple, a promis sur l'autel
D'avoir pour les Maçons un amour éternel,

Ne démentit jamais cette auguste promesse;
Et, parmi ces objets de deuil et de tristesse,
Son ombre semble encor retracer ses vertus,
Et nous dire : » Cessez des regrets superflus.
» Ici bas, où tout fuit avec tant de vitesse,
» Un seul bien nous suffit, ce bien est la *Sagesse ;*
» Pourquoi craindre si fort la mort qui nous poursuit,
» A l'éternel repos sa rigueur nous conduit ;
» Car, malgré qu'à ses coups tout paraisse sensible,
» Après de longs travaux, c'est un sommeil paisible:
» Enfin, c'est le chemin par où la vérité,
» Nous conduit dans le sein de l'*Immortalité.* «

L'offrande des fleurs et le baiser de paix devaient terminer les T.·. du temple; le T.·. G.·. Vén.·. et celui de l'Attel.·., guidés par deux M.·. de Cérém.·. qui les avaient conduits jusques vers la partie la plus occidentale, s'avancèrent par les pas Mystér.·., pénétrèrent sous la voûte sacrée qui les conduisit à l'autel nuptial, où l'âme contracte alliance avec l'éternel, et là, au milieu des nuées de fleurs qu'on semait sur leurs pas, et d'un encens qui exhalait les plus doux parfums, le Vén.·. *Fustier* fit l'invocation suivante:

» O sublime Arch.·. de l'Univ.·.! toi, dont la nature entière atteste la souveraine puissance; toi, qui balayes les mondes comme une poussière inutile, que le vent du midi dissipe dans les airs ; ô père des humains, reçois dans ce moment le faible tribut de nos adorations ! Voyageurs sur une terre étrangère, couverte de volcans et de précipices, soutiens notre courage au milieu des obstacles qui nous environnent ; inspire-nous la prudence pour éviter les dangers qui nous menacent ; et si les ronces de la vie nous déchirent quelquefois et nous ensanglantent, verse sur nos plaies le baume des espérances éternelles. Guidés par ton étoile flamboyante, nous achèverons aussi, sans remords et sans inquiétudes, le voyage que tu nous as permis d'entreprendre.

» Et vous, mânes silentieuses de nos FF.·., qui errez sous ce majestueux feuillage, enfans de la Lum.·., venez reposer sur ce monument, élevé par les mains de l'amitié, et recevez nos derniers adieux ! «

Aussi-tôt *l'harmonica* fit entendre ses accens mélancoliques, et les Ouvriers se partageant dans le même ordre que leurs chefs, vinrent déposer sur l'urne mystique le baiser de paix, qu'ils se communiquaient ensuite par l'accolade fraternelle.

Le tronc de bienfaisance fut distribué sur le champ à quelques infortunés, qui bénirent la main qui soulageait leurs maux, et les

Trav.·. furent suspendus pour passer à ceux du Banquet.

La douleur ingénieuse des ordonnateurs de la fête, imagina dans cette nouvelle enceinte de nouveaux sujets de plaisir et d'admiration. La salle était ornée d'encadremens noirs, coupés par des pilastres de marbre jaune, et surmontés de draperies blanches, garnies de franges d'argent; des guirlandes de fleurs, tombant en festons sur les côtés, offraient un contraste aussi gracieux que philosophique : un dais magnifique, de même couleur que les tentures, couvrait à l'Or.·. un vaste triangle de fleurs, dans lequel on lisait cette inscription.

AUX MANES DE NOS FF.·.!

Les nuances des différens Gr.·. avaient seules été adoptées dans la composition des mots. Les Barriq.·., ornées de couronnes de roses et entremêlées d'étoiles, formaient une chaîne immense et double dans son étendue, qui venait aboutir à une piramide Egyptienne posée devant les présidens. Ce bas-relief, autour duquel on remarquait la collection des outils Maç.·. était exécuté en pâte, avec une précision et un goût admirables, d'après les dessins du F.·. *Philippy*. Des flots de Lum.·.

ménagés avec art sur tous les points, donnaient encore à tous ces apprêts plus de graces et de majesté.

Au signal donné, les MM.·. de Cérém.·. introduisirent les FF.·., suivant les prérogatives de leur âge, et l'urne cinéraire, portée par les mêmes Off.·., fut déposée sous le triangle de fleurs, qui lui servait de couronnement. On se plaça sans confusion. La gaîté, la décence, la sobriété, présidèrent tour à tour à ce banquet frat.·. où le besoin de se voir, de s'estimer, de *s'essayer* même, s'il est permis de l'avouer, *au sommeil du trépas*, avait rassemblé de nombreux convives (*).

(*) Ce genre de volupté, inconnu parmi nous, a été inventé par les Egyptiens, transporté dans la Grèce, et ensuite chez les Romains. Tous ces peuples, nés sous le plus beau ciel du monde, et doués par conséquent d'une imagination douce et riante, trouvaient dans les momies rangées autour d'eux, ou dans le spectacle des têtes de morts et des squelettes pendus à leurs planchers, de puissans motifs pour ménager leur santé, et bien employer la vie. Voilà la muse enchanteresse qui a inspiré les odes d'Horace, et les élégies de Tibulle.

Les gourmands, au contraire, en prenaient occasion de se vautrer plus souvent dans la fange du désordre. « Lorsque nous buvions du vin de Falerne

Jamais réunion Maç∴ n'avait offert un mélange plus piquant de peines et de plaisirs; à l'exemple de nos joyeux ancêtres, on célébra, par des chants, les douceurs de la fraternité, et la mémoire de ses amis.

---

de cent feuilles, dit Pétrone, en parlant du repas de Trimalcion, un valet apporta un squelette d'argent, *larvam argenteam*, ajusté de telle manière, que les jointures et l'épine du dos avaient la facilité de se tourner de toutes façons. Trimalcion, déjà ivre, fit en le voyant, cette exclamation :

Sic erimus cuncti post quam nos auferet orcus.
Ergo vivamus, dum licet esse bene.

Et le résultat d'une réflexion aussi philosophique, fut de faire de nouvelles *Tingomenas*, c'est-à-dire, des excès à répandre les mets et des flots de vin sur les parquets. Ce souper mémorable se termina par faire répéter, devant Trimalcion, les cérémonies qu'il avait ordonnées pour ses funérailles.

Pacuvius, non moins extravagant, célébrait tous les soirs, dit Sénèque, ses obsèques par des orgies funéraires. De la salle du festin, ses compagnons de débauches le conduisaient en pompe dans sa chambre, et un cœur de mille voix chantait autour de lui : *Il a vécu, il a vécu !*

De toutes les nations qui ont succédées à celles que nous venons de citer, il n'en est pas une qui leur ressemble plus que les Français, par le caractère et les habitudes. Pourquoi ne feraient-ils pas

Voici les principaux Cantiques qui nous ont été transmis.

STROPHES, par le F∴ *Hüe*, pour les Santés.

AU GOUVERNEMENT.

Air : *L'Amour n'a fait encor paraître.*

PORTONS cette santé première,
Comme le dicte notre cœur :
Les seuls Enfans de la Lumière,
Sont jaloux de cette faveur.
Quand le vrai soutien de la France
Fait tout pour sa félicité,
Nous devons avec assurance, } *bis.*
Croire à son immortalité.

---

par principes ce que les autres faisaient quelquefois par dépravation ? Pourquoi ce peuple, si justement renommé pour sa bravoure et son enjouement, ne chercherait-il pas à adopter des institutions, dont les principaux avantages seraient de le rendre encore plus humain dans la prospérité, plus courageux dans le malheur, et sur-tout, plus avare d'un tems dont il connait si peu le prix ?

Enfans de la V∴, c'est à vous qu'il appartient de propager les vérités utiles au bonheur de vos semblables, et à la splendeur du gouvernement qui vous protège !

Au G.·. Or.·.

Air : *Du Serein qui te fait envie.*

Après une trop longue absence
De l'astre du G.·. Orient,
Toutes les LL.·. en souffrance
Cherchaient le point de ralliement;
En vain le plus affreux orage
En obscurcissait la clarté ;
Du G.·. Arch.·. l'ouvrage,
A droit à l'immortalité.

Au Vén.·.

Air : *Laissons aux Amans leur tendresse.*

Pour la santé du Vén.·.,
Mes amis, faisons tous grand feu :
Que son empire soit durable,
De chacun de nous c'est le vœu.
Il mérite bien qu'on proroge
Sa paternelle autorité ;
C'est par ses soins que notre L.·.
Obtiendra l'immortalité.

Aux deux Surv.·.

Air : *Si Pauline est dans l'indigence.*

Tous les efforts d'un Vén.·.
Et sa sagesse et ses talens,
Ne nous offriraient rien de stable,
Sans le concours des Surv.·.
Des guides de nos deux colonnes,
Mes FF.·., portons la santé,
Que l'Atel.·., dans leurs personnes,
S'assure l'immortalité. *bis.*

A la Mémoire des FF.·. décédés.

Air : *Lorsque dans une Tour obscure.*

L'homme renferme en sa substance,
Et le physique et le moral :
L'un est divin par son essence,
A l'autre le tems est fatal.
Nos FF.·. régneront sans cesse
Auprès de la divinité.
Par des Cantiques d'allegresse
Célébrons l'immortalité. *bis.*

Aux CC.·. FF.·. Visit.·.

Air : *La Pipe de tabac.*

Cette auguste cérémonie,
Qui satisfait si bien nos cœurs,
Se trouve encor plus embélie
Par nos chers FF.·. Visit.·.
L'éclat de leur vive lumière
Dans notre Temple s'est porté.
N'est-ce pas de la L.·. entière
Démontrer l'immortalité?

A tous les Maç.·.

Air : *Avec les Jeux dans le Village.*

De l'une et de l'autre hémisphère,
Portons la santé des Maç.·.;
C'est toujours en faveur des FF.·.,
Que retentissent nos canons.
De ceux qui sont dans l'abondance,
Chargeons à la prospérité :
Offrons aux FF.·. en souffrance,
L'espoir de l'immortalité. *bis.*

CANTIQUE du F.·. *Perint*, M.·. de la députation de la L.·. *Saint-Claude de la Paix sincère.*

Air : *Femmes, voulez-vous éprouver ?*

Vous avez bien jugé nos cœurs,
En invitant la PAIX SINCÈRE,
A jeter avec vous des fleurs,
Sur la tombe de notre Frère :
Votre Atelier du POINT-PARFAIT,
Dans BARRÉ perd une lumière ;
Cérès, les Lettres, le Bienfait,
Se sont partagés sa carrière. *bis.*

***

Nous regretons ce digne ami ;
Pour nous il eût le cœur d'un père :
Du vice toujours ennemi,
Dans chaque homme il voyait un frère :
L'Architecte de l'Univers,
Nous laissant à tous pour exemple
Ses vertus, ses talens divers,
Le place à l'Orient du Temple. *bis.*

***

Ayant franchi les sombres bords,
Il est au séjour de la Gloire.
Célébrons tous, par nos accords,
Ses mœurs, ses travaux, sa mémoire ;
Portons, dans nos tristes accens,
Jusqu'à lui la douleur amère,
De ses amis, de ses parens,
De tous les Maçons de la terre. *bis.*

IMPROMPTU du F.·. *Rousseau la Rottiere*, M.·. de la même L.·.

Même Air.

Emu par les tristes apprêts,
De ce sombre et dernier mystère,
Je mouille de pleurs les cyprès
De cette Pompe funéraire :
De ceux que nous avons perdus,
Je me crois un des légataires;
Car, l'exemple de leurs vertus,
Je le retrouve dans nos Frères. *bis.*

ROMANCE, par le F.·. *Angebault.*

Air : *De Renaud-d'Ast.*

En créant les faibles humains,
Les dieux ont semé leur carrière
De ténèbres et de lumière,
De jours sombres, de jours sereins.
Pour consoler notre existence,
Ils ont placé dans notre cœur
L'espérance pour le malheur,
Et la pitié pour l'indigence.

Gloire à ces dieux qui nous ont fait
Le don de la réminiscence,
De l'amitié la jouissance,
La récompense du bienfait.

Quand le moment vient de descendre
Au dernier séjour des mortels,
C'est lui qui, sur nos saints autels,
De pleurs arrose notre cendre.

***

Mais, pour de tendres souvenirs,
N'avons-nous que de tristes larmes?
Avec plaisir chantons les charmes
De qui partagea nos plaisirs.
En pressant l'urne cinéraire,
Un cœur sent palpiter un cœur,
Et goûte encore du bonheur
L'ombre toujours trop passagère.

***

Plus sage que nous, plus heureux,
Ce peuple aimable de la Grèce,
Savait aux chants de sa tristesse
Mêler des fêtes et des jeux.
Que ceux, disait-il, qu'on adore
Arrivent aux champs fortunés,
Des mains du printems couronnés,
Parfumés de celles de Flore.

***

Fleurs, qui parez ces lieux de paix,
Vous, qu'un léger soufle endommage,
Du plaisir aujourd'hui l'image,
Demain vous mourez pour jamais.
Si, comme vous, des destinées
Nous voyons le cercle finir,
De nos Frères le souvenir
Reprend le fil de nos années.

Aux mânes du F.·. *Laffilard*.

Toi, qui dès le premier instant,
Captiva mon âme sensible,
Dont, par un penchant invincible,
Je fus l'ami le plus constant.
Quand ton cruel sort me déchire,
Et que je le reproche aux dieux,
Ton ombre, en m'essuyant les yeux,
M'invite encore à lui sourire.

STROPHE d'un Cantique du F.·. *Lepitre*.

Par les arts, les mœurs, les vertus,
Utilisons notre existence;
Chacun peut, même n'étant plus,
Vivre par la reconnaissance :
Des pauvres qu'il sèche les pleurs,
Et sur son urne hospitalière,
Ils diront, en jetant des fleurs :
Il fut digne de la lumière !

Minuit approchait. Le Vén.·. profita des instans qui lui échappaient pour payer les Ouvriers qui avaient contribué par leurs dessins, leurs conseils ou leur activité, à l'embélissement de la fête. Le F.·. *Cousineau*, l'un d'eux, exprima la reconnaissance de tous, en exécutant sur sa harpe plusieurs morceaux choisis, et particulièrement sa belle *marche* des *Samnites*. On chargea les can.·. pour la dernière salve; l'explosion fut rapide et uniforme sur tous les bords, et les FF.·. se retirèrent en se félicitant de l'emploi de la journée, et en formant des vœux pour que la religion des tombeaux se propage dans les At.·. des M.·. et consacre aussi leur souvenir.

NOTICES sur l'At.·. du POINT-PARFAIT.

DANS le 3e.·. M.·. de l'an 5761, le F.·. *Poupart* jeta les fondemens d'une L.·., sous le titre de *Saint-Louis de la Martinique des FF.·. réunis ;* mais elle ne fut reconnue et régularisée qu'en 5774 par le G.·. O.·., quoique ce dernier, sous le titre de Gde.·. L.·. de France, délivrait des Constitutions depuis 5762. Les FF.·. de la Martinique obtinrent, en 5789, un *souv.·. Chap.·.*, dont l'existence datait de l'année précédente.

Les événemens politiques survenus en 5790, ayant suspendu les Trav.·. de cet At.·. et de presque tous ceux qu'on voyait à Paris, neuf FF.·., guidés par l'amitié qui les unissait, et par le désir de soutenir l'Art Maç.·. dans ces tems désastreux, se réunirent dans le 7e.·. M.·., et donnèrent naissance à la L.·. des *Amis de la Liberté :* c'est ainsi qu'au milieu des désordres et des malheurs des croisades, l'an de la V.·. L.·. 5118, *Hugues de Paganis* et huit autres Chev.·., se dévouèrent aux hasards des combats et aux embûches des infidèles, pour soutenir la gloire du Temple de Jérusalem, auprès duquel ils s'établirent, et d'où ils tirèrent le nom de *Templiers*.

L'installation des Amis de la Liberté eut lieu dans le 12e.·. M.·. 5790. Ce fut la dernière L.·. qui reçut des Constitutions du G.·. O.·., avant l'époque qui le contraignit de renoncer à sa correspondance. Ce fut aussi la seule, de l'Or.·. de Paris, qui ait travaillé sans crainte et sans interruption, tandis que les autres étaient livrées aux agitations d'un sommeil plus ou moins pénible.

Les FF.·. de la Martinique trouvant un asyle certain dans le *T.·. de la Liberté*, s'y refugièrent dès les premiers troubles qui parurent au dehors. Le besoin du travail et des consolations leur inspira bientôt le désir de s'unir plus intimément à des Ouvriers dont ils éprouvaient chaque jour le tendre et constant attachement; ils demandèrent à apporter leur outils, et à les confondre avec ceux des Amis de la Liberté, et cette alliance fut contractée avec solemnité dans le 9e.·. M.·. 5796.

Cependant, la famille, devenue plus nombreuse par cette réunion, avait encore l'espoir de s'augmenter ; il fallut donc bâtir ailleurs un Temple plus convenable. Ces deux tribus, également chères au G.·. Arch.·., qui mesure du même œil les tems et les espaces, travaillèrent de concert à l'édification et à la splendeur de ce nouvel édifice ; toutes deux avaient acquis le droit de le décorer du nom qui les distinguait respectivement ; l'ingénieuse amitié voulut tout concilier : elle proposa pour frontispice, le titre du POINT-PARFAIT, et la majorité des FF.·. l'adopta dans la séance du 12e.·. M.·. 5796.

La Gde.·. L.·. de France reconnut ensuite et légitima ce changement le 4e.·. J.·. du 2.·. M.·. 5797, en conservant à l'At.·. impétrant la date de 5761, époque des Constitutions primitives de *Saint-Louis de la Martinique*, ainsi que *son souv.·. Chap.·.*

Telle est l'origine de l'Atel.·. du *Point-parfait*, qui, depuis sa formation, s'est constament distingué par son attachement au G.·. Or.·. de France, la régularité dans ses Trav.·., l'harmonie parmi ses Membres, et le bon accueil à tous les Visit.·. qui sont venus l'embélir par leurs vertus, ou l'éclairer par leur expérience.

TABLEAU DE LA R.·. L.·.;

A L'ÉPOQUE DU 8e.·. M.·. 5802.

VÉNÉR.·.

FUSTIER, Négociant, 1er. Exp.·. de la Ch.·. symb.·. du G.·. O.·. de France, Chev.·. du S.·. Chap.·. comme tous les FF.·., R.·. C.·. de l'At.·.

SURV.·.

1er. GUITON, Homme de Lettres, M.·.
2e. GUYOT, Employé, R.·. C.·.

EX-VÉNÉR.·.

PIERRE, Chef du bureau des Trav.·. pub.·. R.·. C.·.

ORAT.·.

HUE, Professeur, *député* au G.·. O.·., R.·. C.·.

SECRÉT.·. GÉNÉ.·.

MERCADIER, Accoucheur, T.·. S.·. du souv.·. Ch.·., Hosp.·. gén.·. du G.·. O.·., *Off.·. de santé* de la L.·.
GOBERT, Employé, Secrét.·. adjoint, M.·.

TRÉS.·.

PHILIPPY, Employé dans la Banque, R.·. C.·.

GARDE DES SC.·., TIMB.·. ET ARCHIV.·.

DUPETIT-PONT, ancien Procureur au Châtelet, Homme de Loi, *conseil* de la L.·., R.·. C.·.

Me.·. DES CÉRÉM.·.

SALLÉ, Capitaine d'Artillerie, R.·. C.·.

Me.·. DE BANQUET.

WITTERSHEIN, le jeune, Propriétaire, R.·. C.·.

ELÉÉMOSINAIRE.

COUTARD, Médecin, R.·. C.·.

EXP.·.

1er. NAUDIN, Négociant, R.·. C.·.

2e. VANDEVOORDE, Trés.·., Quartier-Maître de la 33e. demi-Brigade, R.·. C.·.

3e. BURGRAFFE, sous-Lieutenant de la Garde des Consuls, R.·. C.·.

F.·. TERRIB.·.

GUERARD, Négociant, R.·. C.·.

MÉDECIN DE LA L.·.

LENOIR DUBIGNON, M.·.

PHARMACIEN.

CHAUMETON, Hospice du Val-de-Grace, M.·.

ARCHIT.·. DÉCORAT.·.

COUDRAY, Architecte, M.·.

DUSAULCHOY, Peintre d'histoire, App.·.

MEMB.·. HONORAIR.·.

POUPART, Fond.·. de la Martiniq.·., R.·. C.·.

MERCADIER. — MILLY. — HUE. — FUSTIER.

J.-Charles FUSTIER, père, Notaire à *Cléry*, M.·.

FF.·. DE LA L.·.

GLADY, Commissaire des Guerres, R.·. C.·.

RAYER, Limonadier, R.·. C.·.

RIVET, Négociant, R.·. C.·.

MILFORT-TASTANEGY, Gén.·. de Brig.·. Ec.·.

Simon MAYER, Négociant, El.·.

B. MANECQ, Négociant, M.·.

VEYSSE, Homme de Lettres, M.·.

JOMAIN, Négociant,	Ec.·.
GERFAUX, Employé à la Guerre,	M.·.
GUÉAU, fils, Com^re.·. des Guerres,	M.·.
SAINT-GERMAIN, Négociant,	R.·. C.·.
TURBAT, Négociant,	M.·.
LEVIEL, Bijoutier,	M.·.
B. WOLFF, Négociant,	M.·.
HOUDOUARD, Com^re.·. des Guerres,	M.·.
Georges MACK, Architecte,	M.·.
HOUIN, Négociant,	M.·.
CLAIRAIN-DES-LAURIERS, Négociant,	C.·.
CAMUS, Distillateur,	C.·.
Alexandre NAUDIN, Employé,	C.·.
MERLE, Banquier,	Ap.·.
BARBAUD, Md.·. de Draps,	Ap.·.

SUR-INTENDANT DE L'HARMONIE.

LEMOYNE, Compositeur,	Ap.·.
BOULOGNE, Organiste de la L.·.	M.·.

ORDONNATEURS DES FÊTES.

HAPDÉ, Homme de Lettres,	M.·.
BUISSON, Adjoint,	M.·.

FF.·. ABSENS par Congé.

GAERTNER, Négociant, R.·. C.·., *Berlin.*
MENTHEY, Ambassadeur, R.·. C.·., *Dannemarck.*
Florence FUSTIER, Nég., M.·., *Saint-Domingue.*
BRUN, jeune, Négociant, M.·., *Rome.*
HESSE, Négociant, R.·. C.·., *Boulogne-sur-mer.*
Benjamin FUSTIER, Employé, Comp.·., *Cléry.*
LANOIRAIS, Adj. de Place, R.·. C.·., la *Guadeloupe.*
AUVRAY, Négociant, M.·., *Saint-Domingue.*
LIARD, Greff. au Trib. crim., M.·., *Pondichéry.*

BUNIVA, Prés.·. du Cons.·. de santé, M.·., *Turin.*
RIGAL, Adjudant de Place, R.·. C.·., *Isle-de-Rhé.*
BRIOLLET, Négociant, Ap.·., *Orléans.*
MAZOTTY, Ingénieur, M.·., *Rome.*
SAUVÉE, Médecin, M.·., *l'Orient.*
DELAGE, Médecin, M.·., *Bergerac.*
BOURDON, Insp. des Serv. Milit., M.·., *Bastia.*
FABE, Adjudant de Place, R.·. C.·., l'*Orient.*
CASTERA, Médecin, M.·., *Bordeaux.*
DUBOIS, Négociant, M.·., *Bordeaux.*
JAUME, Colon. de Gendarm., M.·., *Port-au-Prince.*
COMARMONT, Négociant, M.·., *Isle-de-France.*
DARMAGNIAC, Gén. de Brig., M.·., *Saint-Domingue.*
GARNERIN, Aéronaute, M.·., *Londres.*
BERTE, Négociant, M.·., *Londres.*
VAUTEY, Négociant, M.·., *Toulon.*
CROISILLIER, Propriétaire, M.·., *Cologne.*
BERTRAND, Pharmacien, M.·., *Boulogne-sur-Mer.*
JACINTHE, Officier de Santé, Ap.·., *Italie.*
SERRURIER, Négociant, M.·., *Leipsick.*
BOURMESTER, Négociant, M.·., *Leipsick.*
LECOINTRE, Officier de Caval.·., M.·., le *Havre.*
TORCAPEL, Négociant, M.·., *Nevers.*
DARIOT, Négociant, Comp.·., *le Mans.*

FF.·. AFFILIÉS LIBRES.

COUSINEAU, Artiste du Théâtre des Arts, M.·.
LAURANSON, T.·. S.·. du S.·. C.·. des Sincères-Amis.

LES CHEV.·. du S.·. Chap.·. du Point-Parfait, *qui travaillent dans un autre Atel.·. Symbol.·., savoir; les TT.·. RR.·. FF.·.*

GANDILLEAUD.	LABMOTTE.	CHAYLA.
VERET.	ROGUET.	THIERRY.

DIDIER.	BORRIN.	DIELTIENS.
ABRAHAM.	GIRAUD.	HOUDAN.
DESAUGES.	ROGEAUX.	EUGÈNE.
BOUILLON.	CONNORD.	DUSSAPE.
COURET-CAILA.	BETEMPS.	FEUILLANT.
AUVERLOT.	Jacques LEU.	DATH.
LANDOLPHE.	VAUX-MORET.	DEZANGRE.
BATTUS.	LEVÊQUE.	BONTHOUX.
FERRATINI.		

COLONNE FUNÉRAIRE

ÉRIGÉE EN 5802.

Qu'a-t-on à redouter lorsqu'on a bien vécu?
Un jour pur est suivi par une nuit tranquille.

NOMS.	*GRAD.·.*	*SOMMEIL.*
CHARDINI,	M.·.	5793.
MERCADIER, fils,	M.·.	5793.
RAMPON,	R.·. †.·.	5795.
ORSY,	R.·. †.·.	5799.
COUSINEAU,	M.·.	5799.
FUSTIER, Modeste,	Comp.·.	5799.
PEUVRÉ,	Off.·. du G.·. O.·.	5800.
BOILEAU,	Subl.·. Maç.·.	5802.
SAULNIER,	(Servant.)	5802.
BARRÉ,	R.·. †.·.	5802.

Correspondance générale de la L.·.

FUSTIER, Négociant, rue Saint-André-des-Arts, N°. 42.

FIN.

www.ingramcontent.com/pod-product-compliance
Ingram Content Group UK Ltd.
Pitfield, Milton Keynes, MK11 3LW, UK
UKHW021646260726
13994UKWH00003B/1306